Kunst ist schön,
macht aber viel Arbeit

Ernst Günter Tange

Zitatenschatz für Musik- und Theaterfreunde

Kunst ist schön,
macht aber viel Arbeit

Illustriert von Flix

Eichborn.

Die Deutsche Bibliothek – CIP-Einheitsaufnahme

Zitatenschatz für Musik- und Theaterfreunde : Kunst ist schön, macht aber Arbeit / Ernst Günter Tange. Ill. von Flix. – Frankfurt am Main : Eichborn, 1998
ISBN 3-8218-3530-3

Umschlaggestaltung: Christina Hucke
unter Verwendung einer Illustration von Flix (d.i. Felix Görmann)
Gesamtproduktion: Fuldaer Verlagsanstalt GmbH, Fulda
ISBN 3-8218-3530-3

Verlagsverzeichnis schickt gern:
Eichborn Verlag, Kaiserstraße 66, D-60329 Frankfurt am Main
http://www.eichborn.de

INHALT

VORWORT

Bekanntlich gibt es nur drei Lebensinhalte für den deutschen Mann: »Wein, Weib und Gesang«. Angesichts der vielen Biertrinker und Junggesellen muß man in dieser Aufzählung eine Staffelung sehen mit ansteigender Wichtigkeit: Der Gesang ist eindeutig der wichtigste Faktor. Und Gesang darf man getrost auf Musik überhaupt erweitern. Der Niveauschritt vom Amateur-Caruso in der Badewanne zum Geigenvirtuosen im Konzertsaal ist kleiner als man denkt.

Musik ist die wahre Religion der Deutschen, sie ist die erste aller Musen, wie der Name schon sagt. Doch nicht bloß in Deutschland steht die Liebe zur Musik in schönster Blüte, auch weltweit wird sie mehr und mehr zum Bindeglied der Völker, der Ideologien. Japanische Mozart-Sänger, russische Jazzer, isländische Harfenistinnen ... es gibt keine nationalen oder politischen Barrieren für Klänge, für Instrumente. Ja,

vielleicht wird die Ökumene der Töne den Erdball einst befrieden. Und sei es auch nur – man ist ja bescheiden geworden – für die Dauer eines Konzerts: »Seid umschlungen, Millionen ...!«

Man kann die Menschen in zwei Typen unterteilen: die Musikalischen und die Unmusikalischen.

Bislang wurde die Geschichte von den Unmusikalischen geprägt. Erst jetzt wendet sich allmählich das Notenblatt. Man erkennt diese beiden Antipoden des Lebens sehr leicht und oft schon von weitem am eckigen oder federnden Gang. Woher kommt es übrigens, daß bei den musikalischen Menschen der Haarwuchs gewöhnlich stärker ist? Die Erklärung ist recht einfach. Die Vibration der Klänge, die schön modulierten Schallwellen, die der Musikalische aufnimmt oder von sich gibt, streicheln ihn von innen und außen und steigern so seine Lebenskraft. Musik ist Mutterboden für seine Hormone. Folge: Nicht nur seine Liebesfähigkeit wächst, auch seine Haare recken sich munter empor. Denn Haare sind die äußeren Merkmale der Leidenschaft, so wie die Glatzen eher die Neigung zu martialischen Gedanken und Machtbewußtsein verraten. Wobei natürlich wie immer gilt: Ausnahmen bestätigen die Regel.

Musik ist also auf dem Vormarsch. Nicht nur global, auch was das Weltall anbelangt. Bekanntlich gehörte zur Nutzlast der Voyager-Sonde eine Schallplatte mit Beatlesmusik. Denn was auf Erden gilt, kann für den Kosmos nicht falsch sein: »All you need is love.« Dieses ist nur ein erster zaghafter Schritt nach draußen in Richtung Unendlichkeit. Warum soll sie nicht einst durch alle Dimensionen hin swingen und klingen? Ja, der Musikalische ist der Mensch der Zukunft, er wird den Erdball nach der Phase der Kriege und der wissenschaftlichen Erfindungen in eine einzige Diskothek verwandeln, die wie ein kugelförmiger Tanzboden, bestückt mit Instrumenten und Lautsprechern, durchs Weltall trudelt, den kosmischen Staub berieselnd und die fernen Sonnen und Planeten. Eine Gondel mit Milliarden Tenören, die über die Milchstraße gleitet, sanft schaukelnd auf Wolken wonniger Düfte und berauschend tönendem Schall.

Ja, erst wenn jeder Bürger der Welt eine Gitarre sein eigen nennt, einen Walkman trägt und weiß, was die Subdominante von D-Dur ist, wird wahrer Friede sein.

OUVERTÜRE

Wer nie jagte und nie liebte, nie den Duft der Blumen suchte und nie beim Klang der Musik erbebte, ist kein Mensch, sondern ein Esel.
Arabisches Sprichwort

Musik ist angenehm zu hören, doch ewig braucht sie nicht zu währen.
Wilhelm Busch

Auf der Platte ist alles drauf, nur das Wesentliche nicht.
Sergiu Celibidache

Die Schwäne singen, bevor sie sterben. Es wäre kein schlechter Gedanke, wenn manche Leute sterben würden, bevor sie singen.
Samuel Coleridge

Die Musik ist imstande, bei Unglück in der Liebe zu trösten.
Diogenes

Wer nur von Musik was versteht, versteht auch von der nichts. *Hanns Eisler*

Wo kein Herz ist, ist keine Musik. *Moritz Hauptmann*

Wo die Sprache aufhört, fängt die Musik an. *E.T.A. Hoffmann*

Die Musik drückt das aus, was nicht gesagt werden kann und worüber es unmöglich ist zu schweigen. *Victor Hugo*

Das Wichtigste in der Musik steht nicht in den Noten. *Gustav Mahler*

Was ich eigentlich von der Musik will? Daß sie heiter und tief ist wie ein Nachmittag im Oktober. Daß sie eigen, ausgelassen, zärtlich, ein kleines süßes Weib von Niedertracht und Anmut ist. *Friedrich Nietzsche*

Viele Augenblicke unvermischt reinen Glücks verdanken wir der Musik. *Hermann Ritter*

Leute, die nicht zu schmusen verstehen, werden auch in der Musik keinen Ohrenschmaus finden. *Gioacchino Antonio Rossini*

Musik ist ein Teil Gottes. Jeder kann malen, auch ein Affe. Ein Affe kann aber niemals komponieren. *Ken Russell*

Keine Kunst wirkt auf den Menschen so unmittelbar, so tief wie die Musik, eben weil keine uns das wahre Wesen der Welt so tief und unmittelbar erkennen läßt. *Arthur Schopenhauer*

Musik bringt Ordnung ins Geräusch der Welt. *Ina Seidel*

Musik sagt das Unsagbare. *Friedrich Smetana*

Wenn die ganze Zivilisation zum Teufel ginge – ich würde es nicht bedauern; nur um die Musik tät' es mir leid. *Leo Tolstoi*

Nur Musik, die den Atem beschleunigt, ist wahre Kunst.

Jakow Trachtenberg

Wegen ungünstiger Witterung fand die deutsche Revolution in der Musik statt. *Kurt Tucholsky*

WAS IST
Musik?

Musik: disziplinierter Lärm. *Anonym*

– ein Teil des schwingenden Weltalls. *Ferrucio Busoni*

– die Sprache der Engel. *Thomas Carlyle*

– das schönste von allen Geräuschen. *Théophile Gautier*

– heutzutage oft Lärm mit Copyright. *Peter Holl*

– die Wurzel aller übrigen Künste. *Heinrich von Kleist*

– die Kunst, das Ohr zu vergnügen. *Johann Christian Lobe*

– die gemeinsame Sprache der Menschheit.
Henry Wadsworth Longfellow

– die einzige Sprache, in der nicht gelogen werden kann.
Yehudi Menuhin

– die angenehme Form des Lärms. Aber auch nicht immer.
Aurel Schmidt

– beschönigende Umschreibung für gestörte Stille.
Aurel Schmidt

– der Schlüssel zum weiblichen Herzen. *Johann Gottfried Seume*

– die Stenographie des Gefühls. *Leo Tolstoi*

– der vollkommene Typus der Kunst: Sie verrät nie ihr letztes Geheimnis. *Oscar Wilde*

NICHTS GEGEN
moderne Musik ...

Künstlerisches Experiment: eine Jargonvokabel für den Ausdruck bedeutender Unfähigkeit. *Helmut Arntzen*

Moderne Musik: Instrumentenstimmen nach Noten. *Peter Sellers*

Zeitgenössische Musik: eine Wüste mit ein paar ausgespuckten Dattelkernen hier und da. *Pablo Casals*

Nichts gegen die moderne Musik, aber warum mußte sie ausgerechnet zu unserer Zeit kommen? *Anonym*

Manches von der heutigen Musik sollte statt auf Platten auf Seismographen aufgenommen werden. *Anonym*

Der Vorzug der modernen Musik liegt darin, daß man sie nicht pfeifen kann. *Roger Allen*

Inzwischen wissen wir, daß die angeblich unendlichen Möglichkeiten der elektronischen Musik nur leere Worte sind. *Luciano Berio*

Wenn Musik zu einem Denksport ausartet, verleugnet sie ihr eigentliches Wesen. *Werner Egk*

Musik ohne Worte stimmt uns oft traurig; wieviel mehr erst Musik ohne Musik. *Mark Twain*

KOMPONIEREN
ist der schönste aller Berufe

Johann Sebastian Bach

Man darf nur die rechten Tasten zur rechten Zeit treffen, so spielt das Instrument von selber.

Ich habe fleißig sein müssen; wer ebenso fleißig ist, der wird es ebenso weit bringen.

Wenn die Engel für Gott spielen, so spielen sie Bach, füreinander aber spielen sie Mozart. *Isaiah Berlin*

Sie wollen etwas von Bach hören? Von welchem, Johann Sebastian oder Jacques Offen? *Victor Borge*

Schauen wir auf Bach, den lieben Gott der Musik, an den die Komponisten ein Gebet richten sollten, bevor sie sich an die Arbeit setzen, auf daß er sie vor Mittelmäßigkeit bewahre.

Claude Debussy

Es mag sein, daß nicht alle Musiker an Gott glauben; an Bach jedoch glauben alle. *Mauricio Kagel*

Bei Bachs Musik ist uns zumute, als ob wir dabei wären, wie Gott die Welt erschuf. *Friedrich Nietzsche*

Ludwig van Beethoven

Musik ist höhere Offenbarung als alle Weisheit und Philosophie.

Beethoven wäre bei der jungen Generation populärer, wenn er sich Beathoven schreiben würde. *Steve Connelly*

Früher rasierte man sich, wenn man Beethoven hören wollte, jetzt hört man Beethoven, wenn man sich rasieren will.

Peter Bamm

Es ist unmöglich, sich Goethe oder Beethoven beim Billard oder beim Golf vorzustellen. *Henry Louis Mencken*

Johannes Brahms

Ich denke nur Musik. Ich bin verliebt in die Musik – ich liebe die Musik, ich denke nichts als sie und an anderes nur, wenn es mir Musik schöner macht.

Es ist nicht schwer zu komponieren. Aber es ist fabelhaft schwer, die überflüssigen Noten unter den Tisch fallen zu lassen.

Wenn mir eine hübsche Melodie einfällt, ist mir das lieber als ein Leopoldsorden.

Brahms zu einem Zuhörer, der anmerkte, daß er diesmal ein anderes Tempo nehme: »Ja glauben Sie denn, daß ich so ein Trottel bin und immer gleich spiele?«

Es gibt einige Erfahrungen im Leben, bei denen man von niemandem verlangen sollte, sie zweimal zu machen; eine davon ist, einem Brahms-Requiem zuzuhören. *George Bernard Shaw*

Anton Bruckner

Wer hohe Türme bauen will, muß lange beim Fundament verweilen.

Arthur Honegger

Komponieren ist der schönste aller Berufe. Doch wovon lebt man, wenn man Komponist ist? Bestimmt nicht von der Musik.

Das Wichtigste, was das Publikum von einem Komponisten verlangt, ist, daß er tot ist.

Franz Liszt

Mein Klavier ist für mich, was dem Seemann seine Fregatte, dem Araber sein Pferd – mehr noch ... meine Sprache, mein Leben.

Franz Liszt wurde von einem jungen Komponisten um sein Urteil über ein neues Werk gebeten. Liszt hörte sich das Stück an und sagte: »Da ist viel Schönes und Neues drin. Leider ist das Schöne nicht neu und das Neue nicht schön.«

Wolfgang Amadeus Mozart

Mozart ist ganz fertig auf die Welt gekommen, ein Lichtblick für viele Jahrhunderte. *Karl Böhm*

Das alte Pralinenschachtel- und Zopfperückenbild von Mozart, dem göttlich mühelosen Genie, ist allmählich gewichen und läßt vor allem eine menschlichere Gestalt erkennen.

John Eliot Gardiner

Wenn eine Mozart-Sinfonie gespielt wird, so ist auch die Stille hinterher noch von Mozart. *Sacha Guitry*

Mozart – ein Geschenk, das die Menschheit gar nicht verdient hat. *Wolfgang Hildesheimer*

Carl Orff

Das schönste Denkmal für einen Komponisten ist, wenn er im Spielplan bleibt.

Egk mich am Orff. *Hans Pfitzner*

Maurice Ravel
Im Grunde ist meine einzige Geliebte die Musik.

Pianissimo: die größte Kraft auf der Welt.

Robert Schumann
Um zu komponieren, braucht man sich nur an eine Melodie zu erinnern, die noch niemandem eingefallen ist.

Jean Sibelius
Über Musik kann man nur mit Bankdirektoren sprechen. Künstler reden ja nur über Geld.

Richard Strauss
Was ein richtiger Musiker sein will, der muß auch eine Speisekarte komponieren können.

Nur Mut, meine Herren, je falscher es klingt, desto richtiger ist es.

Vor dem Komponisten Strauss ziehe ich den Hut. Vor dem Menschen Strauss setze ich ihn wieder auf. *Arturo Toscanini*

Verheerende Kritik einer Wiener Zeitung über das Werk »Schlagobers« (= Schlagrahm) von Richard Strauss: »Wenn Richard, dann Wagner. Wenn Strauss, dann Johann. Und wenn Schlagobers, dann von Sacher.«

Igor Strawinsky
Zu viele Musikstücke enden zu lange nach ihrem Ende.

MACHT ÜBUNG
den Meister?

Wer glaubt, Übung mache den Meister, der hat seine Kinder kein Musikinstrument lernen lassen. *Anonym*

Musikunterricht ist wie Psychoanalyse: Fünf Jahre lang merkt man keinen Fortschritt, aber plötzlich kann man Klavier spielen. *Woody Allen*

Unter allen entsetzlichen Dingen das entsetzlichste ist Musik, wenn sie erst erlernt wird. *Friedrich Hebbel*

Musik verbindet Völker, Violinunterricht entzweit Nachbarn. *Hans-Horst Skupy*

Wer nicht genug Geld hat, um das Nachbargrundstück zu kaufen, der soll Gesangstunden nehmen. *Georg Thomalla*

TOCK! TOCK! TOCK!

ZUSAMMEN ANFANGEN
und zusammen aufhören: das Orchester

Orchester: ein unschätzbares Modell der Demokratie.

Hans Weigel

Für ein Orchester gibt es zwei goldene Regeln: zusammen anfangen und zusammen aufhören. Was dazwischen passiert, interessiert die Zuhörer kein bißchen. *Sir Thomas Beecham*

Orchester haben keinen eigenen Klang; den macht der Dirigent. *Herbert von Karajan*

Orchester machen den Fehler immer an der gleichen Stelle.

Herbert von Karajan

Ein Orchester besteht aus Musikern, von denen die einen keine Solisten sein können und die anderen keine Solisten sein wollen, während die dritten Solisten sind. *Antonio Mingotti*

Das Orchester versetzt die Damen in Trance, aber schreiben tun's dann dem Tenor. *Arthur Schnitzler*

EIN VERKAPPTER
Diktator: der Dirigent

Dirigent: Musikdarsteller. *Hans-Klaus Jungheinrich*

Dirigenten: Facharbeiter, die zwanzig Jahre Berufsausbildung benötigen. *Herbert von Karajan*

Dirigieren: eine ausgesprochen gesunde Bewegungstherapie. Nur schade, daß man nicht an der frischen Luft dirigiert. *Karl Böhm*

– die Luft massieren. *Rudolf Buchbinder*

– Aerobic mit Musikbegleitung. *Harold Cobb*

Die meisten Dirigenten werden uralt, weil ihre Tätigkeit eine sehr gesunde Mischung von regelmäßiger Gymnastik mit uneingeschränkter Autorität ist. *Kenneth Clarke*

Für Orchesterdirigenten wird es schwierig, sobald sie auf Widerstand stoßen. Mit dem Taktstock sind sie gewissermaßen verpflichtet, ihn nicht zu dulden. *Placido Domingo*

Generäle und Dirigenten leben länger, denn sie sind gewohnt, daß man ihnen nicht widerspricht. *David Frost*

Früher gingen die Leute ins Konzert, um Musik zu hören. Heute gehen sie hinein, um Dirigenten zu sehen. *Paul Hörbiger*

Wir leben in einer Zeit, die nicht den Komponisten verehrt, sondern den Dirigenten. Und am meisten verehrt man den Dirigenten, der bei der Ausübung seines Berufes am besten turnt und am höchsten springt. *Giorgio Medina*

Nichts erhält so gesund wie eine Machtposition. Deshalb werden viele Staatsmänner so alt, und deshalb findet man unter Dirigenten so unglaublich rüstige alte Herren.

Malcolm Muggeridge

Es hat sich so vieles verändert. Früher sprach man von der Leistung des Orchesters. Heute spricht man von der Großartigkeit des Dirigenten. *Arthur Rubinstein*

Jeder Dirigent hat immerhin die Chance, daß die Musiker nicht das spielen, was er dirigiert. *George Bernard Shaw*

Sir John Barbirolli

Denke niemals »Was kann ich aus diesem Stück machen?«, versuche vielmehr zu erkennen, was der Komponist zu sagen beabsichtigte.

Sir Thomas Beecham

Es ist der Vorteil des Dirigenten, daß er auch bei ausverkauftem Haus immerhin einen Stehplatz hat.

Leonard Bernstein

Dirigieren ist wie ein Liebesakt.

Es gibt keine leichte oder schwere Musik, sondern nur gute oder schlechte.

Wenn man nach islamischem Recht Dieben die Hand abschlagen würde, gäbe es unter den Komponisten viele Einarmige.

Hans von Bülow

Wie lange studiere ich an einer Beethovenschen Sonate? 25 bis 30 Jahre.

Sergiu Celibidache

Jeder Dirigent ist ein verkappter Diktator, der sich glücklicherweise mit der Musik begnügt.

Wer sich beim Rasieren eins pfeift, wer morgens sein »Hänschenklein« singt, der hat viel mehr mit Musik zu tun als einer, der sich eine Beethovenplatte auflegt.

Ein Beethoven-Adagio bei Celibidache ist so aufregend wie die Beine der Ute Lemper. Das nimmt auch keine Ende.

Konrad Grüner

Wilhelm Furtwängler
Es gibt nur ein Tempo, und das ist das richtige.

Herbert von Karajan
Die größte Kunst beim Dirigieren ist zu wissen, wann man nicht dirigieren, wann man das Orchester nicht stören soll.

Die überwältigende Mehrheit der Konzertbesucher möchte dort sitzen, wo man den Dirigenten von vorn sehen kann.

Musik soll nicht nur schön klingen, die Gesichter der Musiker sollen auch glücklich sein.

Ein Cellist der Wiener Philharmoniker auf die Frage, was denn der Karajan dirigiere: »Was er dirigiert, wissen wir nicht. Wir spielen die Eroica!« *Hans Weigel*

Franz Liszt
Die wirkliche Aufgabe eines Kapellmeisters besteht darin, sich augenscheinlich überflüssig zu machen und mit seiner Funktion möglichst zu verschwinden. Wir Kapellmeister sind Steuermänner und keine Ruderknechte.

Lorin Maazel
Wenn einer nicht Klavier spielen kann, kann das jeder hören, wenn einer nicht dirigieren kann, können das leider nur sehr wenige beurteilen.

Leopold Stokowski
Es ist nicht erforderlich, Musik zu verstehen. Man braucht sie nur zu genießen.

Warum Dirigenten und Generäle so alt werden? Vielleicht liegt es am Vergnügen, anderen seinen Willen aufzuzwingen.

Leopold Stokowski ist »vertragsbrüchig« geworden. Laut Kontrakt mit CBS sollte er bis zum hundertsten Lebensjahr für diese Schallplattenfirma dirigieren – er ist aber schon mit fünfundneunzig gestorben. *George Whymark*

Richard Strauss

Am besten wird musiziert, wenn man so ruhig vor sich hindirigiert.

Igor Strawinsky

Ebenso wie die Politik zieht das Dirigieren selten einen genialen Geist an, es ist eher ein Gebiet für das Karrieremachen und die Ausnutzung individueller Eigenarten – auch darin der Politik ähnlich.

Arturo Toscanini

Ich bin kein Genie. Ich habe nichts geschaffen. Ich spiele nur die Musik anderer Leute.

Jeder Esel kann den Takt schlagen, aber Musik machen – das ist schwierig.

Wenn ein Orchesterdirigent eine Sängerin zu laut begleiten läßt, dann ist er entweder boshaft oder barmherzig.

KLAVIER UND
Geige usw.

Das Schädliche an den **Blechinstrumenten** liegt in der Tatsache, daß sie die Lungen stärken und damit das Leben der Musikanten verlängern. *George Bernard Shaw*

Flügel: das Instrument, in dem sich die Harfe zum Schlafen niedergelegt hat. *Ramón Gómez de la Serna*

Klarinette: ein Folterinstrument, das von einer Person mit Watte in den Ohren bedient wird. Es gibt zwei Instrumente, die schlimmer sind als eine Klarinette – zwei Klarinetten.

Ambrose Bierce

Klavier: ein Musikinstrument, an dem sich Sänger festhalten und auf dem man sein Bier abstellen kann. *Anonym*

– ein Salongerät, mit dem der unbußfertige Gast mürbe gemacht wird. Die Bedienung erfolgt durch Niederdrücken der Tasten und der Stimmung der Zuhörer. *Ambrose Bierce*

– Schreibmaschine, die bei entsprechendem Anschlag ohne Papier gefühlvolle Botschaften direkt ins Herz des Adressaten sendet. *Ron Kritzfeld*

Elefant: ein gefährliches Tier, denn aus seinen Stoßzähnen werden Klaviertasten gemacht. *Johannes Brahms*

Ein gutes Tier ist das Klavier. *Wilhelm Busch*

Mit Recht erscheint uns das Klavier, wenn's schön poliert, als Zimmerzier. Ob's außerdem Genuß verschafft, bleibt hin und wieder zweifelhaft. *Wilhelm Busch*

Ein Onkel, der Gutes mitbringt, ist besser als eine Tante, die bloß Klavier spielt. *Wilhelm Busch*

Ein neues Klavier hat ungeborenen Lärm im Leibe. *Wilhelm Busch*

AUS ALT MACH NEU:
Interpreten

Interpretieren: Altes so darstellen, als sei es ein Neues; Bekanntes, als sei es ein Fremdes; Fremdes, als sei es ein Bekanntes. *Hans-Klaus Jungheinrich*

Musiker sind nicht eitel – sie bestehen aus Eitelkeit.
Kurt Tucholsky

Der Musiker wird gefeiert und denkt sich nichts dabei. Der Musiker denkt nicht, sondern macht Musik. *Kurt Tucholsky*

Musiker haben immer nur den Wunsch, daß man absolut stumm ist, während man selbst nur den Wunsch hat, absolut taub zu sein. *Oscar Wilde*

Pablo Casals
Entweder man glaubt an das, was man macht, oder nicht. Der Musik muß man sich völlig hingeben, man kann sie nicht auf- und zudrehen wie einen Wasserhahn.

Justus Frantz
Svjatoslav Richter zählt mich zu den wenigen großen Mozart-Pianisten.

Friedrich Gulda
Meinen Frack habe ich weggeworfen. Ich bin doch kein Trottel und laufe herum wie im 19. Jahrhundert.

Nicht ich habe den Kredit verspielt; das Publikum hat den seinen bei mir verspielt.

Jeder Künstler ist im Grunde seines Herzens ein Anarchist.

Einen guten Musiker erkennt man an dem, was er stiehlt.

Vladimir Horowitz
Ich bin ein singender Pianist. Das Klavier ist ein Schlaginstrument, aber ich versuche, es zum Singen zu bringen.

Von Sängern kann man viel lernen – zum Beispiel auch, wie man auf dem Klavier singt.

Nigel Kennedy
Klassische Musiker haben ein Problem. Sie halten sich für was Besseres.

Gidon Kremer
Manche Kollegen gehen nur deshalb auf Tournee, um Interviews geben zu können.

Yehudi Menuhin
Die Musik spricht für sich allein. Vorausgesetzt, wir geben ihr eine Chance.

Arthur Rubinstein
Bei den Damen kommt man mit Chopin viel weiter als mit Mozart.

Ich spiele so gern Klavier, daß ich es auch umsonst tun würde. Gott sei Dank wissen das meine Konzertagenten nicht.

Lieber am Abend ein bißchen zittern als jeden Tag sechs Stunden üben.

WAS IST
eine Oper?

Oper: ein Schauspiel, welches das Leben in einer anderen Welt darstellt, deren Bewohner nicht reden, sondern singen, die sich nicht bewegen, sondern gestikulieren, und denen keine Haltung außer der Pose eigen ist. *Ambrose Bierce*

– ein Zaubertheater, darauf angelegt, auf Kosten des Verstandes Auge und Ohr zu erfreuen. *Lord Chesterfield*

Die Oper ist ebensowenig die größte aller Künste wie die beste Suppe jene wäre, in die man alles hineintut, was man hat.

Peter Brook

Die Oper ist neben der Gotik eine der sonderbarsten Errungenschaften der westlichen Kultur. Nie wäre sie durch einen logischen Denkprozeß vorhersehbar gewesen. *Lord Clark*

Was ist eine Oper? Wenn jemand in den Rücken gestochen wird und wenn er dann, statt zu bluten, singt. *Ed Gardner*

Manche Oper ist wie die Liebe: Das Schönste daran ist die Ouvertüre. *Jean Giraudoux*

Was ist eine Oper? – Wenn eine Sache so dumm ist, daß man sich schämt, sie zu sprechen, so singt man sie.

Moritz Gottlieb Saphir

GENIALE KÜNSTLER
auf der Opernbühne?

Der Journalist fragt einen Opernsänger: »Gibt es nach Ihrer Meinung noch geniale Künstler?« – »Nun, wir sind sehr wenige.« *Anonym*

Entfernung: die einzige Möglichkeit, einige Opernsängerinnen schön zu finden. *Anonym*

Sänger: Geglaubt werden ihnen nur die Töne. Ihre nachdrücklichen Schritte, ihre monströsen Handlungen, ihr Lächeln, ihre Gefühle nicht. Am allerwenigsten die Worte, die sie zerdehnen und raffen nach Belieben, im Legato, im Tremolo, im Triller. *Ingeborg Bachmann*

Wie reizend ist doch die menschliche Stimme, wenn sie nicht singt. *Rudolf Bing*

In den Opern müßte mehr geküßt werden. Das würde die Leute am Singen hindern. *Peter Sellers*

Alles, was zu dumm ist, um gesprochen zu werden, wird gesungen. *Voltaire*

Hans Beirer
Der Opernsänger lebt wie ein Spitzensportler. Mit dem Unterschied, daß er keinen Start absagen darf.

Enrico Caruso
Das Zubehör eines Sängers: ein großer Brustkorb, ein großer Mund, neunzig Prozent Gedächtnis, zehn Prozent Intelligenz, sehr viel schwere Arbeit und ein gewisses Etwas im Herzen.

Wer sich singenderweise auf die Bühne wagt, sollte zumindest wissen, wo das hohe C liegt.

Placido Domingo
Wo das hohe C liegt, bestimme ich.

René Kollo
Die Oper ist ein Zirkus, und wir Tenöre sind für den Drahtseilakt zuständig.

Nellie Melba
In der Liebe halten die Bassisten das, was die Tenöre versprechen.

Luciano Pavarotti
Die Seele sollte singen, nicht der Körper.

Man glaubt, daß die Tenöre Sexsymbole sind, weil sie ständig so beschrieben werden. Im wirklichen Leben sind aber die Baritone in diesem Punkt viel erfolgreicher.

Hermann Prey
Wir sind in der Singerei auf der Bühne durch eine ziemliche Krise gegangen in den letzten 25 Jahren: Es wurde alles immer lauter; die Feinheiten gingen dahin.

DIE MUSIK

Richard Wagners – schwer erträglich?

Ein für mich schwer erträgliches Parfüm lastet über dem Orchesterklang der Musik Richard Wagners. Ich kann dieses Parfüm kaum ertragen. *Hans Werner Henze*

Wir wissen von zwei Dirigenten, daß sie in der gleichen Pause im dritten Akt des »Tristan« starben, gleich nachdem Tristan aufwacht. In diesem Moment, unmittelbar bevor man anfängt, ist der Streß am intensivsten. *Herbert von Karajan*

Immer, wenn es in der Oper erotisch wird, muß das Cello her. Deshalb ist »Tristan« die Cello-Oper par excellence.

Siegfried Palm

Wenn es zwischen den Figuren aus Wagners »Ring« zu einem Erbschaftsprozeß gekommen wäre, hätte es unvorstellbare Komplikationen gegeben. Gott sei Dank kam die »Götterdämmerung«, und alles starb. *Max Schautzer*

Wagners »Parsifal« ist eines der wirksamsten Barbiturate, ein Schlafmittel erster Ordnung wie Luminal und Veronal.

Hans Weigel

Ich mag Richard Wagners Musik mehr als jede andere; sie ist so laut, daß man die ganze Zeit reden kann, ohne daß andere hören, was man sagt. *Oscar Wilde*

FINALE

Man möchte weinen, wenn man sieht, daß dies das Ende von dem Lied.

Wilhelm Busch

Man fragte einen Leierkastenmann, was denn das Wesen der guten Musik sei. »Gleichmäßig die Kurbel drehen.«

Wieslaw Brudzinski

Was wäre es doch für ein Segen, wenn wir die Ohren so mühelos auf- und zumachen könnten wie die Augen.

Georg Christoph Lichtenberg

Wie wenig gehört zum Glück! Der Ton eines Dudelsacks. – Ohne Musik wäre das Leben ein Irrtum.

Friedrich Nietzsche

Er wollte Brahms hören, sie wollte Mozart hören. Es gab Händel.

Anonym

Eine Wirtin in Wien wies einen zimmersuchenden Studenten mit folgender Begründung ab: »Mei, mit dem letzten Musikstudenten haben wir so ein Pech gehabt! Er kam zwar beethövlich an, wurde aber schon nach kurzer Zeit sehr mozärtlich zu meiner Tochter. Dann brachte er ihr einen Strauss, nahm sie beim Händel und führte sie mit Liszt über den Bach in die Haydn. Dort dachte er: Wer nicht wagnert, nicht gewinnt. Deshalb wurde er immer reger, konnte sich nicht mehr brahmsen, und so haben wir heute einen Mendelssohn und wissen nicht wohindemith.«

APPLAUS UND
Husten: das Publikum

Jedes Publikum kriegt die Vorstellung, die es verdient.

Curt Goetz

Nichts ist Künstlern so zuwider wie die aufdringliche Verehrung, die ihnen von der großen Masse entgegengebracht wird. Nur eines ist ihnen noch zuwiderer: wenn ihnen die große Masse keine aufdringliche Verehrung entgegenbringt.

Ephraim Kishon

Selig sind, die nichts erwarten, denn sie werden nie enttäuscht werden. *Alexander Pope*

Nicht immer sind an einem Mißerfolg die Künstler schuld. Manchmal ist es auch das Publikum, das durchfällt.

Leonie Rysanek

Für mich existiert das Volk erst in dem Moment, wo es Publikum wird. Ob dasselbe aus Chinesen, Oberbayern, Neuseeländern oder Berlinern besteht, ist mir ganz gleichgültig, wenn die Leute nur den vollen Kassapreis bezahlt haben.

Richard Strauss an Stefan Zweig

Höre auf die Stimme des Publikums, aber überschätze sie nicht! *Kurt Tucholsky*

Rhythmisches Klatschen: ein Ersatz für den Gleichschritt.

Johannes Gross

Schlußbeifall: Dankeschön fürs Aufhören. *Winfried Hönes*

Niemanden stört eine Unterbrechung, wenn es **Beifall** ist.

Kin Hubbard

Prominenz ist eine Eigenschaft,die nicht durch Auslese, sondern durch **Beifall** zustande kommt. *Friedrich Sieburg*

Es ist die Stille, die zählt, nicht der Applaus. **Applaus** kann jeder haben. Aber die Stille vor und während dem Spiel – das ist das Größte. *Vladimir Horowitz*

Nur wenige Menschen, die an **Husten** leiden, gehen zum Arzt – die meisten gehen ins Konzert. *Bruno Jonas*

Aus eigener Erfahrung weiß ich, daß man im Konzertsaal selten bei einem Fortissimo hustet. Unwiderstehlich wird der **Hustenreiz** erst beim Pianissimo. *Jens Larsen*

Warum geht man, wenn man **erkältet** ist, lieber ins Konzert oder ins Theater statt zum Arzt? *Hermann Prey*

Wenn das Orchester seine Instrumente stimmt, fängt das Publikum an, seine Katarrhe zu stimmen. *Hermann Prey*

ERFOLG,
Karriere und Ruhm

Der große **Erfolg:** oft nur ein künstlerisches Mißverständnis.

Darius Milhaud

Es ist ein Irrtum anzunehmen, daß man Talent haben muß, um **Erfolg** zu haben. Wenn man Erfolg hat, entdecken die Kritiker sehr bald, daß man auch Talent besitzt. *Pierre Benoit*

Erfolg besteht darin, daß man genau die Fähigkeiten hat, die im Moment gefragt sind. *Henry Ford*

Erfolg verändert den Menschen nicht. Er entlarvt ihn.

Max Frisch

Erfolg ersetzt alle Argumente. *Sigmund Graff*

Der Neid ist der Schatten, den der **Erfolg** wirft. *Robert Lembke*

Erfolg hat man, wenn man zur richtigen Zeit am richtigen Ort das Richtige tut – und möglichst auch noch vor den richtigen Leuten. *Ute Lemper*

Erfolg muß man langsam löffeln, sonst verschluckt man sich an ihm. *Erika Pluhar*

Erfolg muß auch in der Kunst immer mit viel Geld zu tun haben, sonst wird er gar nicht mehr richtig geachtet. *Erika Pluhar*

Der Beginn einer **Karriere** ist ein Geschenk der Götter. Der Rest ist harte Arbeit. *Fritzi Massary*

Nackheit ist das Sprungbrett zum **Ruhm.** *Carroll Baker*

Über Nacht wird man nur **berühmt,** wenn man tagsüber hart arbeitet. *Howard Carpendale*

Früh berühmt zu sein heißt, auf einem Fünftausender zu stehen, ohne je geklettert zu sein. *Maria Schneider*

Um **populär** zu werden, braucht man nur in der Glotze aufzutreten. Einer künstlerischen Leistung bedarf es nicht.

Armin Mueller-Stahl

Ein **Star** ist jemand, der andere überragt, weil er geschickt genug war, auf einen Stuhl zu steigen. *Billy Wilder*

KRITIK,
diese selige Schmarotzerkunst

Kritik, diese selige Schmarotzerkunst, kann immer nur so wichtig, so belangvoll, so erheblich, kann immer nur so aufregend sein wie das Theater selbst. *Friedrich Luft*

Kritik: eine Bürste, die man bei leichten Stoffen nicht verwenden darf, weil sie da alles wegnähme. *Honoré de Balzac*

- die Kunst, mit der sich der Kritiker einen Anteil am Ruhm des Künstlers zu sichern trachtet. *George Jean Nathan*

Je berechtigter die **Kritik,** desto abfälliger das Urteil des Kritisierten über den Kritiker. *Anonym*

Was ist **Kritik**? Wenn man das schlechtzumachen sucht, was ein anderer gut zu machen versucht hat.

Aus den »Fliegenden Blättern«

Jeder Mensch kann **Kritik** vertragen – wenn es eine gute ist.

Viktor Berg

Ich glaube, alle Kreativen lügen, die behaupten, **Kritik** interessiere sie nicht. *Loriot*

Gegen die **Kritik** kann man sich weder schützen noch wehren; man muß ihr zum Trutz handeln, und das läßt sie sich nach und nach gefallen. *Johann Wolfgang von Goethe*

Kritik soll elegant in der Formulierung, aber auch von einer gewissen Schärfe sein: Salzsäure in einer geschliffenen Karaffe. *Michel Jobert*

Wer sich mit der Kunst verheiratet, bekommt die **Kritik** zur Schwiegermutter. *Hildegard Knef*

Ich sitze im kleinsten Raum des Hauses. Ich habe Ihre **Kritik** vor mir. Bald werde ich sie hinter mir haben. *Max Reger*

Schweigen ist die schlimmste oder die gnädigste Form der **Kritik.** *Pierre Reverdy*

Auch Schlafen ist eine Form der Kritik, vor allem im Theater. *George Bernard Shaw*

Wer sich über Kritik ärgert, gibt zu, daß er sie verdient hat. *Cornelius Tacitus*

Kritiker: ein Wegelagerer auf dem Weg zum Ruhm. *Robert Burns*

– Leute, die den schöpferischen Künstler dahingehend zu beeinflussen versuchen, daß er so schreiben, so spielen oder so inszenieren soll, wie sie, die Kritiker, es täten, wenn sie schreiben, spielen oder inszenieren könnten. *Ephraim Kishon*

– ein Mann, der sehr böse wird, wenn dem Publikum etwas gefällt, was er nicht mag. *Erich Segal*

Es sagte eine Dame an der Theaterkasse: »Ist das so ein Stück, das die **Kritiker** in den Himmel heben – oder ist es gut?« *Anonym*

Für den **Kritiker** sind seine Kollegen die höhere Instanz. Nicht das Publikum. Erst recht nicht die Nachwelt. *Walter Benjamin*

Kritiker: Wenn sie zugeben könnten, möglicherweise Unrecht zu haben, könnte man ihnen möglicherweise recht geben. *Gottfried Edel*

Niemals einem **Kritiker** antworten, das macht alles nur noch schlimmer. *Leopold Jessner*

Nichts ist für einen **Kritiker** gefährlicher, als wenn er sich wirklich auf eine Aufführung freut. *Joachim Kaiser*

Die Hauptschwierigkeit für den **Kritiker** besteht darin, daß er Kenner sein muß und dabei doch nicht vergessen darf, Liebhaber zu bleiben. *Martin Kessel*

Das Problem des **Kritikers** ist nicht, daß ihm Kunst oft mißfällt, sondern daß er so tun muß, als wüßte er auch, warum. *Georg Kreisler*

»Warum«, fragte ich einen **Kritiker,** »haben Sie das Stück das epochemachende Ereignis von umwälzender Bedeutung genannt?« – »Was für ein Stück?« fragte er zurück.

Stanislaw Jerzy Lec

Ich bin immer wieder entzückt vom vollständigen Mangel an Selbstkritik bei den **Kritikern.** *Sir Arthur Phelps*

Man soll die **Kritiker** nicht für Mörder halten. Sie stellen nur den Totenschein aus. *Marcel Reich-Ranicki*

Des **Kritikers** erste Frage müßte sein: Was hast du mir zu sagen, Werk? Aber das kümmert ihn im allgemeinen wenig. Seine erste Regung ist vielmehr: Nun, Werk, gib acht, was ich dir zu sagen habe. *Arthur Schnitzler*

Am gefährlichsten sind die **Kritiker,** die nichts von der Sache verstehen, aber gut schreiben. *Leopold Stokowski*

Besonderes die Schauspieler haben es in dieser Kritik der Kritik zu einer großen Virtuosität gebracht: Derselbe **Kritiker** gilt ihnen heute als allererster Meister und morgen, weil er getadelt hat, als letzter Murks. *Kurt Tucholsky*

Kritikerlob: ein Kredit, den der Künstler nicht mit Leistung abzahlen muß. Wer einmal einhellig gelobt wurde – auch zu Unrecht –, kann lange versagen. *Oliver Hassencamp*

Er besuchte alle Premieren – nicht aus Liebe zur Kunst, sondern um als erster **Nein sagen** zu können. *Kurt Tucholsky*

KUNST
kommt von Können

Es ist eine **Kunst,** sie zu definieren. *Stanislaw Jerzy Lec*

Kunst: eine Sprache, die keinen Dolmetscher braucht. *Andrej Bakanow*

– ein Luxus, den der Mensch braucht. *Bertolt Brecht*

– Verzierung dieser Welt. *Wilhelm Busch*

– subventionierte Opposition. *Hansgünther Heyme*

– zwar nicht das Brot, aber der Wein des Lebens. *Jean Paul*

– das, was übrigbleibt, nachdem alles an ihr bis ins letzte analysiert worden ist. *Martin Kessel*

– was jenseits der Regeln liegt. *Ron Kritzfeld*

– das Bemühen, neben der wirklichen Welt eine menschlichere Welt zu schaffen. *André Maurois*

– ein Werturteil, das sich durchgesetzt hat. *Thomas Niederreuther*

– eine Lüge, die uns die Wahrheit erkennen läßt. *Pablo Picasso*

– die reinste Form der Liebe. *George Bernard Shaw*

– die einzige ernsthafte Sache in der Welt. Und der Künstler die einzige Person, die niemals ernsthaft ist. *Oscar Wilde*

Die heutige Kunst: zum großen Teil ein Abstellraum, ein Museum der Verzweiflung. *Eugène Ionesco*

Die **Kunst** muß nichts. Die Kunst darf alles. *Ernst Fischer*

Kunst kostet Geld, aber käuflich ist sie nicht. *Heinz Friedrich*

Kunst bietet keine klaren Antworten. Nur Fragen. *Jan Hoet*

Die **Kunst** ist unnütz, aber der Mensch kann auf das Unnütze eben nicht verzichten. *Eugène Ionesco*

Kunst kommt von Können. *Max Liebermann*

Kunst kommt nicht von Können, sondern von Müssen. *Arnold Schönberg*

Kunst wäscht den Staub des Alltags von der Seele. *Pablo Picasso*

Gott hat die Welt erschaffen, aber der Mensch hat sich eine zweite Welt geschaffen – die **Kunst.** *Max Reinhardt*

Es gibt ein **Kunstgesetz,** das ewig ist: Wir wollen nicht gelangweilt werden. *Kurt Tucholsky*

Kunst ist schön, macht aber viel Arbeit. *Karl Valentin*

Die **Kunst** darf nie populär sein wollen. Das Publikum muß künstlerisch werden. *Oscar Wilde*

Künstler: Personen, denen das Talent zum Durchschnittsmenschen fehlt. *Anonym*

Natürlich sind **Künstler** unnötig. Aber nicht viel unnötiger als andere Menschen auch. *Thommie Bayer*

Der **Künstler** hat eigentlich immer nur ein Problem, nämlich sich selbst. *Sigmund Graff*

Ein begnadeter **Künstler** ahmt nur sich selbst nach.

Stanislaw Jerzy Lec

Der **Fluch des Künstlers**: sein Leben lang beurteilt zu werden von Leuten, die weniger Phantasie, Geschmack und Herz haben als er. *Alexander Roda Roda*

STÜCKESCHREIBEN
ist wie Schach: Autoren-Erfahrungen

Stückeschreiben ist wie Schach: Bei der Eröffnung ist man frei, dann bekommt die Partie ihre eigene Logik.

Friedrich Dürrenmatt

Wenn man eine **Gesellschaft kritisieren** will, muß man Außenseiter dieser Gesellschaft sein.

Edward Albee

Es ist riskant, gute Menschen auf die Bühne zu bringen, denn sie sind auf Dauer **langweilig.** *Alan Ayckbourn*

Unsere Zeit ist so aufregend, daß man die Menschen eigentlich nur noch **mit Langeweile** schockieren kann. *Samuel Beckett*

Man muß versuchen, bis zum äußersten ins Innere zu gehen. Der Feind des Menschen ist die **Oberfläche.** *Samuel Beckett*

Wenn das Publikum keine **Alpträume** hat, ist ihm sofort langweilig. *Thomas Bernhard*

Sie können mein Theater nicht **ohne Engagement** begreifen. Und ohne Engagement gibt es da keinen Genuß. Wenn Sie mit einem Mann schlafen und sind nicht engagiert, ist das auch nicht genußvoll. *Bertolt Brecht*

Ich hatte schon immer den tiefsten **Respekt** vor dem Geist und dem guten Geschmack der Leute, denen meine Stücke gefielen. *Noel Coward*

Heutzutage kann man Spaß nur noch durch **Schreck** erzeugen. *Friedrich Dürrenmatt*

Ein Schriftsteller kann die Welt im besten Fall beunruhigen, im seltensten Fall beeinflussen – **verändern** nie.

Friedrich Dürrenmatt

Autoren müssen das **schlechte Gewissen** ihrer Nation artikulieren, weil die Politiker ein so gutes haben. *Rolf Hochhuth*

Es ist besser, die Dummen zu **langweilen**, als sie zu amüsieren. *Eugène Ionesco*

An der Oberfläche ist kein dramatischer Stoff zu finden, da muß man schon ein Stück graben. *Heiner Müller*

Die heutigen Bühnenschriftsteller sind auf dem besten Weg, das Schlüsselloch so **groß** zu machen, daß von der Tür nichts mehr übrigbleibt. *Peter Ustinov*

Das schlechteste Werk wird immer mit den **besten Absichten** geschaffen. *Oscar Wilde*

DRAMA
oder Komödie? Eine Frage der Definition

Drama: ein gewöhnliches Leben, aus dem man die langweiligen Momente herausgeschnitten hat. *Anonym*

Modernes Drama: ein Stück, in dem außer action eigentlich nichts passiert. *Helmar Nahr*

Das Drama aller Zeiten hat eigentlich nur ein einziges Thema gehabt: die Unfähigkeit der Menschen, miteinander zu leben.

Gerhard Bronner

Dramatiker: Leute, die sich aufführen, als ob sie aufgeführt würden. *Joachim Ringelnatz*

Dramatiker und Rausschmeißer träumen immer von einem großen Wurf. *Joachim Ringelnatz*

Komödie: eine Anekdote, die von einer Dampfwalze überfahren wurde. *Anonym*

– eine aus der Vogelperspektive betrachtete Tragödie.

Elbert Hubbard

Komödien sind für Frauen schwierig, weil die Frau von Natur aus eher zur Tragödie tendiert. *Cathérine Deneuve*

Den heutigen Menschen kommt man nur noch mit der **Komödie** bei. *Friedrich Dürrenmatt*

Es ist das größte Armutszeugnis der neuen deutschen Literatur, daß sie keine einzige **Komödie** hervorgebracht hat.

Rolf Hochhuth

SHAKESPEARE,
Shaw et cetera

William Shakespeare – ein Mann, dessen Schriften so ausgezeichnet sind, daß man glaubt, jemand anderer habe sie geschrieben.

Anonym

Von Shakespeare läßt sich sagen, daß nie zuvor ein Mensch so wenig Wissen in so viel Weisheit verwandelt hat. *T.S. Eliot*

Shakespeare zu spielen, ist sehr anstrengend. Hinsetzen darf man sich nur, wenn man ein König ist. *Josephine Hull*

Wenn man bedenkt, daß Shakespeare gar nicht gelebt haben soll, hat er bemerkenswert gute Theaterstücke geschrieben.

Laurence Olivier

George Bernhard Shaw

Ich wünschte ein Shakespeare zu sein und wurde ein Shaw.

Es gibt kaum einen zweiten Dichter, bei dem man sich so glänzend langweilen könnte. *Alfred Polgar*

Ein Autor, der sich selbst entdeckte und der ohne Murren seine Entdeckung der Welt mitteilte. *Saki*

So ernst, wie der heiter tut, ist er gar nicht. *Kurt Tucholsky*

Bertolt Brecht

Brecht denkt unerbittlich, weil er an vieles nicht denkt.

Friedrich Dürrenmatt

Der einzige Dichter, der marxistische Parolen zu Poesie gemacht hat. *Lew Kopelew*

Ich muß zugeben, das Scheusal ist begabt. *Thomas Mann*

Er hat Talent zum Genie. *Alfred Polgar*

EIN THEATER
ist dazu da, voll zu sein

Ein Theater ist dazu da, voll zu sein. *Rudolf Bing*

Bühne: für manchen Schauspieler eine viel realere Welt als die wirkliche. *Anonym*

Vieles vom eisernen Repertoire der **Bühnen** gehört zum alten Eisen. *Stanislaw Jerzy Lec*

Theater: früher einmal ein Spiegel des Lebens, heute ein Schlüsselloch. *Anonym*

- ein Unternehmen, das Abendunterhaltung verkauft. *Bertolt Brecht*

- Poesie, die aus Büchern steigt und menschlich wird, die spricht und schreit, weint und verzweifelt. *Federico Garcia Lorca*

- ein Vergnügen am Besserwissen sowie an den Schwierigkeiten der auftretenden Personen. *Sigmund Graff*

- der seligste Schlupfwinkel derjenigen, die ihre Kindheit heimlich in die Tasche gesteckt und sich auf und davon gemacht haben, um bis an ihr Lebensende weiterzuspielen. *Max Reinhardt*

Was zieht im **Theater**? Was auf die Frauen wirkt. Was gefällt den Frauen? Was von ihrer Sache handelt. Was ist ihre Sache? Was sie Liebe nennen. *Hermann Bahr*

Das **politische Theater** erreicht nichts, weil die, die gemeint sind, nicht ins Theater gehen. *Wolfgang Bauer*

Die Menschen gehen ins **Theater,** um mitgerissen, gebannt, beeindruckt, erhoben, entsetzt, ergriffen, gespannt, befreit, zerstreut, erlöst, in Schwung gebracht, aus ihrer eigenen Zeit entführt, mit Illusionen versehen zu werden. *Bertolt Brecht*

Das Merkmal des Hoftheaters ist die Tendenz, das Publikum und die Bühne zu trennen, durch den Vorhang und dadurch, daß die Zuschauer im Dunkeln einer beleuchteten Bühne gegenüber sitzen, die wohl verhängnisvollste Neuerung, wurde doch so erst die weihevolle Stimmung möglich, in der unsere **Theater ersticken**. Die Bühne wurde zu einem Guckkasten.

Friedrich Dürrenmatt

Manchmal hat **das Theater** etwas von der Psychiatrie – hinter der Bühne. *August Everding*

Der Rand des Zusammenbruchs – das war schon immer der dem **Theater** gebührende Platz. *Fritz Kortner*

Ich glaube, es gibt weder altes noch neues, sondern nur gutes oder schlechtes **Theater.** *Federico Garcia Lorca*

Theater als Ersatz für einen Leitartikel langweilt mich.

Friedrich Luft

Beim **Theater** ist jede Rolle wichtig. Ich werde nicht dadurch zum König, daß ich mich königlich gebärde, sondern dadurch, daß der Diener sich vor mir verneigt. *Will Quadflieg*

Was mir an den Neuerungen im **Theaterleben** der Bundesrepublik auffällt, ist der völlige Mangel an Humor. *Friedrich Torberg*

Ich sehe keinen Unterschied zwischen **Theater** und Entertainment. Ich gehe nicht ins Theater, um mich zu langweilen, und auch nicht, um erzogen zu werden. *Peter Zadek*

Theater-Avantgarde: eine kleine Mafia, die sich gegenseitig die Bälle zuspielt und die Wünsche des Publikums ignoriert.

Siegfried Lowitz

Staatstheater: die Bedürfnisanstalten der Kulturverbraucher.

Werner Mitsch

Das deutsche Theater: eine sehr geglückte Mischung von Volksbibliothek und Museum. *Kenneth Tynan*

Dramaturg: eine Mischung aus Wünschelrutengänger, Animierdame und Hebamme. *Anonym*

Die Kunst, mit vielen Worten nichts zu sagen, aber auch das Gegenteil sagen zu können, ohne daß man den Unterschied merkt, ist die eigentliche Kunst des **Dramaturgen.** *Benjamin Korn*

Wer ein Theater füllen will, bediene sich der **Dramaturgie.** Um es zu leeren, genügt Ideologie. *Oliver Hassencamp*

Kürzen ist viel schwerer als schreiben. Und schreiben ist schon schwer genug. *Axel von Ambesser*

Intendant: der Mann, der das Fenster zu bestimmen hat, aus dem im Theater das Geld herausgeworfen wird. *Hackenberg*

Wer **Intendant** werden will, ist selber schuld. *Benjamin Henrichs*

Der Unterschied zwischen einem Theater und einem Irrenhaus besteht darin, daß im Irrenhaus der **Direktor** normal ist.

Helmut Lohner

Dieser **Theaterdirektor** ist wirklich ein fieser Kerl. Immer wenn das Theater leer ist, führt er meine Stücke auf.

Marcel Boniieu

Bei der Zerstreuung von Menschenansammlungen sollte man sich die Erfahrungen mancher Theaterleiter zu eigen machen. Vielen von ihnen ist es ja gelungen, das Publikum in die Flucht zu schlagen. *Peter Sellers*

Souffleuse: eine Frau, der man ungestraft alles nachsagen kann. *Anonym*

Wie man in den **Souffleurkasten** hineinschreit, schallt es noch lange nicht aus den Schauspielern heraus. *Kurt Tucholsky*

Zwangsvorstellung: Theaterabend im Abonnement. *Anonym*

WAS ALLES
zu einer guten Inszenierung gehört

Regisseur: Neurotiker, der seine Verklemmungen dem Publikum aufschwatzen will. *Ron Kritzfeld*

Generäle sollte man an die Front schicken und **Theaterregisseure** ins Parkett. *Besucherin einer fünfeinhalbstündigen Aufführung*

Ein Autor stirbt heute nicht einmal, sondern mehrmals – umgebracht von den **Regisseuren** seiner Stücke. *Fernando Arrabal*

Viele **Regisseure** erfüllen heute den Tatbestand der Verunglimpfung des Andenkens Verstorbener. *Jean-Louis Barrault*

Niemand auf der Welt ist so wehrlos wie ein toter Autor gegen einen lebenden **Regisseur.** *Laurence Olivier*

Die heutigen **Regisseure:** Die sagen »ich bin links« und kaufen sich dann Turnschuhe, damit man das auch sieht. *Heinz Reincke*

Der **Regisseur** ist kein Schöpfer, er ist eine Hebamme. Sein Beruf ist, daß er dem Schauspieler hilft, mit einem Kind niederzukommen, von dessen Vorhandensein im eigenene Bauch dieser keine Ahnung hatte. *Jean Renoir*

Ein Maler kann hundert Jahre warten, bis er verstanden wird. Der **Regisseur** und der Bühnenbildner müssen am Abend der Aufführung verstanden werden. Sie müssen das Publikum im Auge behalten, ohne ihm in den Hintern zu kriechen.

Otto Schenk

Schauspieler beginnen eine Diskussion mit dem **Regisseur** immer dann, wenn sie den Text nicht gelernt haben. *Otto Schenk*

Kein **Regisseur** kann aus einem schlechten Schauspieler einen guten machen. Das ist eine Erfindung der Regisseure.

Carl-Heinz Schroth

Wenn einem **Regisseur** nichts mehr einfällt, dann setzt er entweder die Nebelmaschine in Gang, oder er zieht seine Schauspieler aus. *Gerhard Stadelmaier*

Schauspieler lassen sich nur **führen,** wenn du in ihnen das Bedürfnis erwecken kannst, dir persönlich zu gefallen. Das erotische Bedürfnis. Das ist meistens die einzige Antenne, die sie haben. *Max Frisch*

Das **Bühnenbild** war ausgezeichnet – nur schade, daß die Schauspieler andauernd davor standen. *Alexander Woolcott*

Das allerwichtigste in der Schauspielkunst ist die absolute Wahrhaftigkeit der **Darstellung** – wenn ein Schauspieler das türken kann, ist er gut. *Billy Wilder*

Schlechte Theaterstücke können durch eine hervorragende Darstellung gerettet, gute nicht durch die miserabelste Aufführung umgebracht werden. *Sigmund Graff*

In den meisten Bühnenstücken fußt der **Dialog** auf der falschen Annahme, daß die Menschen einander ausreden lassen. Wo gibt es das im Leben? *Alfred Polgar*

Durchfall: die Folge von Unreife bei Äpfeln oder Dramatikern.

Anonym

Wat jestrichen ist, kann nich durchfalln. *Otto Brahm*

Nichts muß so gut vorbereitet sein wie eine **Improvisation.**

Otto Schenk

Klassiker gehören verstaubt gespielt, nur so und nicht anders.

Wolfgang Bauer

Die **Klassiker** lassen sich einteilen in Erstklassiker, Zweitklassiker, Drittklassiker. *Rupert Schützbach*

Man interpretiert nicht immer, sondern exekutiert allzu oft die **Klassiker,** der fallende Vorhang deckt einen verstümmelten Leichnam. *Friedrich Dürrenmatt*

Man muß die Klassiker wieder so spielen, daß man erschrickt.

Friedrich Dürrenmatt

Es ist ein Kunststück, **Langeweile** darzustellen, ohne welche zu erzeugen. *Jules Romains*

Die beste **Maske,** die wir tragen, ist unser eigenes Gesicht.

Friedrich Nietzsche

Eine **Maskenbildnerin** hat einmal zu mir gesagt: »Ihr Gesicht ist für uns eine echte Herausforderung.« *Jürgen von der Lippe*

Ein guter **Maskenmacher** hat auch die Tube mit Ungeschminktheits-Schminke in der Schublade. *Alfred Polgar*

Proben sind etwas sehr Schönes. Ich bin immer ganz traurig, wenn der Tag der Premiere da ist. *Cornelia Froboess*

Es wird zuviel gequatscht auf den **Proben** – das Wort »ausdiskutieren« kann ich schon nicht mehr hören. *Will Quadflieg*

Das Fehlen einer **Pointe** befreit den Zuschauer nicht von der Pflicht, das Theater zu verlassen. *Stanislaw Jerzy Lec*

Das einzige Bindeglied zwischen Literatur und Theater, das wir heute noch haben, ist das **Programmheft.** *Oscar Wilde*

Schminken: eine Tätigkeit, deren Zeitbedarf proportional zum Alter ansteigt. *Anonym*

Abschminken: das Alter auf den neuesten Stand bringen.

Anonym

ZUERST KOMMT
der Schauspieler und dann alles andere

Schauspieler: ein Bildhauer, der in Schnee meißelt.

Lawrence Barrett

- Menschen, die nur dann richtig zuhören, wenn man über sie spricht. *Norman Mailer*

- etwas mehr als die Spiegel, in denen sich die Menschen betrachten, und etwas weniger als das, wofür sie sich halten.

Bernhard Minetti

- ein Mann, der eher einer Frau nein sagen kann als einem Theaterintendanten. *Horst Tappert*

Schauspieler sein: sich auf ein Pferd setzen und so zu tun, als könne man reiten. *Robert Mitchum*

Ein großer Schauspieler: ein großer tragischer oder komischer Imitator, dem der Dichter vorschreibt, was er zu sagen hat. *Denis Diderot*

Volksschauspieler: einer, der Bauern, Bürger, Clochards, Millionäre, Handwerker und Polizisten darstellt, wobei hinterher jedesmal festgestellt wird, die Rolle sei ihm auf den Leib geschrieben. *Anonym*

Das Ensemble unserer Bühne besteht aus 18 Darstellern, unter denen sich glücklicherweise zwei **Schauspieler** befinden.

Theaterkritiker eines französichen Provinzblatts

Für mich gehört das Theater dem **Schauspieler.** Natürlich bedarf es auch der Regisseure, wenn sie wirklich gute Regisseure sind; auch der Bühnen- und Kostümbildner, kluger Dramaturgen, hilfreicher Musiker, und nicht zuletzt niveauvoller Schriftsteller, oder besser: dramatischer Dichter. Aber, um Theater spielen zu können, braucht es zuerst nur des **Schauspielers,** dann des Zuschauers, und im Dunkeln eines Beleuchters. Erst dann kommt alles andere. *Boleslaw Barlog*

Der Niedergang des deutschen Theaters hat mit der Abwertung des **Schauspielers** begonnen. Die Regisseure haben aus den Schauspielern dressierte Hunde gemacht. *Maria Becker*

Der böse Mensch ist auch ein Mensch. Für einen **Schauspieler** ist es schön, das klarzumachen. *Therese Giehse*

Wer sich nur selbst spielen kann, ist kein **Schauspieler.**

Johann Wolfgang von Goethe

Das Mitspracherecht des **Schauspielers** ist der Text. *Fritz Kortner*

Ein großer **Schauspieler** gewinnt gerade dank der Schminke, der Perücke oder der künstlichen Nase sein eigenes Gesicht.

Stanislaw Jerzy Lec

Von **Schauspielern:** Vergib ihnen, denn sie wissen nicht, was sie sprechen. *Stanislaw Jerzy Lec*

Sobald er aus dem Theater kommt, beginnt der **Schauspieler** wieder seine Rolle als Schauspieler zu spielen. *René Magritte*

Schauspieler sollten eigentlich den Mund halten und ihn nur auf der Bühne aufmachen. *Ulrich Matthes*

Ein **Schauspieler** ist wie eine Geige mit vier Saiten. Er sollte sich darauf besinnen, sie auch alle zu benutzen.

Armin Mueller-Stahl

Ich wüßte nicht, wer den Menschen besser über den Menschen belehren sollte als ein **Schauspieler.** *Laurence Olivier*

Jeder Mensch ist ein Bündel ungenützter Persönlichkeiten. Als **Schauspieler** hat man Gelegenheit, einige davon sichtbar zu machen. *Erika Pluhar*

Von anderen Pflanzen unterscheiden sich **Schauspieler** dadurch, daß sie eintrocknen, wenn sie nicht in die Presse kommen. *Alfred Polgar*

Die **Schauspieler,** indes sie den Text ein letztes Mal sprechen, fangen bereits damit an, ihn zu verlernen, ihr Gehirn packt gewissermaßen das Zeug schon ein, das sie von heute an nicht mehr brauchen, und das jetzt in die Rumpelkammer des Gedächtnisses kommt. *Alfred Polgar*

Der wahre **Schauspieler** ist von der unbändigen Lust getrieben, sich unaufhörlich in andere Menschen zu verwandeln, um in den anderen am Ende sich selbst zu entdecken.

Max Reinhardt

Nicht Verstellung ist die Aufgabe des **Schauspielers,** sondern Enthüllung. *Max Reinhardt*

Ein **Schauspieler** versteckt sich hinter der Maske der Figur, die er spielt. Er projiziert etwas von sich selbst auf diese andere Figur. *Neil Simon*

Als **Schauspielerin** mußt du aussehen wie nichts, damit kannst du aussehen wie alles. *Rosemarie Fendel*

Eine **Schauspielerin,** die Erfolg haben will, muß dieSchönheit einer Aphrodite, die Klugheit einer Athene, das Gedächtnis eines Elefanten und das dicke Fell eines Rhinozerosses haben.

Kim Novak

Früher träumte jede einigermaßen begabte Schauspielerin davon, eines Tages ein Star zu werden. Heute ist es genau umgekehrt: Wir haben eine Unmenge Stars, aber kaum eine von ihnen denkt auch nur im Traum daran, eine **Schauspielerin** zu werden. *Laurence Olivier*

Schauspielerei: ein herrlich überbezahltes Hobby für kindliche Gemüter. *David Niven*

- die Kunst, die Menschen in einem Theater vom Husten abzuhalten. *Ralph Richardson*

Eine **Schauspielerkarriere** läßt sich in drei Abschnitte einteilen: »Wer ist das denn?«, »Da ist er!« und »Mein Gott, lebt der auch noch?« *Anonym*

Schauspielkunst: die einzig richtige Art und Weise, seine Neurosen abzureagieren. *Jeames Dean*

Komik: Tragik in Spiegelschrift. *James Thurber*

Komiker: ein Mensch, der nichts, aber auch gar nichts ernst nimmt – außer sich selbst. *Danny Kaye*

Ein **Komiker** ohne die Umschattung des Tragischen wird nie ein Menschendarsteller sein können, bestenfalls ein Spaßmacher. *Otto Falckenberg*

Das **Dilemma des Komikers**: Wenn man die Menschen zum Lachen bringt, wird man nicht ernstgenommen; wird man aber ernstgenommen, ist man ein schlechter Komiker.

Werner Finck

Der **Komiker**, der Kredit beim Publikum hat. Die Zuhörer lachen schon, wenn er nur Atem holt, um etwas zu sagen.

Alfred Polgar

Ein schlechter **Komödiant** ist wie ein Mann, der eine fremde Sprache sprechen will und sie nicht beherrscht. *Alfred Polgar*

Ein **Komödiant**! ... Ein Kerl, der so viele Rollen gespielt hat, daß er seine eigene nicht mehr beherrscht! Ein Mensch, der so viele Gefühle nachgeäfft hat, daß er keine eigenen Gefühle mehr hat! *Thomas Wolfe*

Lampenfieber: der Versuch, so zu tun, als hätte man keines. *Rudolf Platte*

- Schmetterlinge im Magen. *Walter Slezak*

Mime: Sohn der Mimose. *Ron Kritzfeld*

SELBSTERKENNTNISSE

Zum Schreiben brauche ich eine Stadt, in der es innerlich tobt, zum Beispiel New York oder Graz. *Wolfgang Bauer*

Wer schon drei Pullover im Schrank hat, braucht nicht noch einen vierten. Ähnlich ist es mit den **Bühnenrollen.** Ich hasse es, völlig ausgebucht zu sein. *Heinz Bennent*

Nur indem man sich selbst verschwendet, wird man reich.

Sarah Bernhardt

Wenn ich als **Schauspieler** einmal mit mir ganz zufrieden bin, dann hat's keinen Sinn mehr, dann ist es aus.

Klaus Maria Brandauer

In der ersten Vorstellung als »Jedermann« kann man gar nicht gut spielen, weil man sich immer noch freut, daß man die Rolle bekommen hat. *Klaus Maria Brandauer*

Schauspielern kann man nicht lernen. Wenn man es dann doch gelernt hat, ist man zu alt dafür. *Bette Davis*

Es ist unsinnig zu glauben, man schreibe für die Ewigkeit.

Friedrich Dürrenmatt

Die **Kunst** war immer, in jedem schweren Augenblick, der Schutz, die Süße, die Zuflucht, das Lächeln in meinem Leben.

Eleonora Duse

Ich staune manchmal selber über die Leichtigkeit, mit der ich ein Leben lang Typen gespielt habe, die ich selbst gar nicht bin. *Clint Eastwood*

Ich würde ganz gern in die **Kulturpolitik** eingreifen – wenn es in Deutschland überhaupt eine gäbe. *August Everding*

Mit einer großen **Gage** spielt sich's viel schöner als mit einer kleinen. *Hansjörg Felmy*

Ich bin – privat und als Schauspieler – kein Held, sondern ein ganz schüchterner Mensch. *Götz George*

Sehr früh war mir klar, daß ich verliebte junge Mädchen nie würde spielen können. Ich habe in den Spiegel geschaut und mich gefragt: Warum habe ich so viele Zähne? Dabei habe ich nicht mehr als andere auch. *Evelyn Hamann*

In der Schule war ich immer der Klassen-Clown. Erst die Beschäftigung mit der Zeitgeschichte hat mich düster gemacht.

Rolf Hochhuth

Ich kann ausdrücken, was mich umbringt. Und deshalb bringt es mich nicht um. *Franz Xaver Kroetz*

Alle **Schauspieler** sind Huren. Ich bin vermutlich der einzige, der's zugibt. *Franz Xaver Kroetz*

Ich habe mehr Schweißtropfen geschwitzt, mehr Gehirnzellen angestrengt und vor allem mehr Leidenschaft und Gefühl für meinen Beruf aufgebracht als manche, die über mich schreiben. *Ute Lemper*

Ich habe so viele Personen in mir, daß ich immer mich selbst spielen kann. *Jack Nicholson*

Die am **Theater** arbeiten, die sind alle versteckte Kinder. Erwachsene werden wir alle nicht. Auch wenn wir später vielleicht aussehen wie August Everding. *Claus Peymann*

Ich habe lieber Krach als Friedhof. *Claus Peymann*

Da werkelt man sein Leben lang mit klassischen Rollen am Burgtheater und stellt dann fest, daß ein paar Männer im Leben und ein nackter Hintern alles sind, was die Leute an einem wirklich interessiert. *Erika Pluhar*

Für **Theater-Referate**, die ich nicht schreibe, fallen mir unglaublich gute Sachen ein. Nie ist mein Senf besser, als wenn ich ihn nicht dazugebe. Man könnte auch so sagen: Mit ungeladenem Gewehr treffe ich am sichersten ins Schwarze.

Alfred Polgar

Beim Theater lernt man sehr schnell, daß es gar nicht so einfach ist, natürlich zu sein. *Liselotte Pulver*

Wenn ich mir vorstelle, ich müßte all die Wege und Irrwege eines regieführenden Neurotikers mitgehen, weil ich sonst mein Engagement verlöre, also, ich weiß nicht, wie ich da meine Entwicklung auf legitime und natürliche Weise vollziehen könnte. *Will Quadflieg*

Man verbrennt sich in den Rollen zu ungehemmt, so daß für die Menschen, mit denen man lebt, zu wenig übrigbleibt. Meine Frau hat mich einmal gefragt: »Und wann lernst du mich auswendig?« *Will Quadflieg*

Ich fand, daß man mit leiseren Mitteln zu starker Wirkung kommen kann. *Heinz Rühmann*

Ich nehme lieber einen echten Kellner als einen **Schauspieler,** der in der Rolle eines Kellners gleich den Hamlet spielen will.

Ulrich Schamoni

Wir sind ja alle **Diebe**, sowohl als Regisseur wie auch als Schauspieler – wenn etwas Fremdes gut ist, soll man es getrost benützen. *Maximilian Schell*

Ich paß mich keinem Trend an. Ich bin der Trend.

Volker Schlöndorff

Ich habe seit jeher **Erfolgsgebaren** abgelehnt. Die Potenzspiele gewisser Leute ekeln mich an. *Peter Stein*

Ich bin viel zu **faul**, Stücke für mich selbst zu schreiben. Mit diebischer Freude stelle ich mir vor, daß andere Leute die Rollen in meinen Stücken lernen müssen. *Peter Ustinov*

Mein **komisches Talent** wurde entdeckt, als ich den Othello vorgesprochen habe. *Peter Weck*

Als **Kritiker**, der sich all das ansehen muß, würde ich mich wahrscheinlich erschießen. *Peter Zadek*

Ich bin viel zu **faul**, Stücke für mich selbst zu schreiben. Mit diebischer Freude stelle ich mir vor, daß andere Leute die Rollen in meinen Stücken lernen müssen. *Peter Ustinov*

Mein **komisches Talent** wurde entdeckt, als ich den Othello vorgesprochen habe. *Peter Weck*

Als **Kritiker**, der sich all das ansehen muß, würde ich mich wahrscheinlich erschießen. *Peter Zadek*